Oriol Vergés

AF197814

UN PUEBLO CONTRA
LOS HAMID

Edición a cargo de: Javier Navarro
Ilustraciones: Per Illum

EDICIÓN SIMPLIFICADA PARA
USO ESCOLAR Y AUTOESTUDIO

Esta edición ha sido resumida y simplificada
para satisfacer las necesidades de los estudiantes de español con unos conocimientos un
poco avanzados del idioma.

Editora: Ulla Malmmose

Diseño de cubierta: Mette Plesner
Foto: Frédéric Cirou/Photoalto/Ritzau Scanpix (modelo)

Easy Readers

EGMONT

Impreso en Dinamarca

BIOGRAFÍA

Oriol Vergés nace en Barcelona en 1939, año en el que ter-
mina la Guerra Civil española. Estudia Geografía e Historia en esta ciudad y después, a partir de 1966, es profesor de
instituto.

Empieza escribiendo libros de historia de Cataluña y libros
de texto. Cuando una editorial le pide que escriba una
novela juvenil con ambiente histórico, Oriol Vergés descu-
bre su otra vocación, además de la de profesor.

Desde entonces ha escrito gran número de novelas juveni-
les y cuentos en catalán, generalmente sobre la historia de
Cataluña o sobre la juventud catalana actual.

La novela *Un poble contra els Hamid* se publicó por vez primera en catalán en 1992 y en castellano en 1995.

La familia:

Los amigos:

padre

Esteve

madre

Neus

Albert

Sonia

Nano

Hermanos Hamid:

Abú Hamid

Alí Hamid

Personas del pueblo:

Sra. Miró

Sr. Castells

Tronío

Pere Saumells

Jenaro

Sebi

Capítulo primero
El *incendio*

La primera persona que llegó a la tienda con la noticia fue *Llucieta*. Bueno, la señora Llucieta Miró, con su nombre todavía en *diminutivo* aunque tiene setenta años o más.

-¿No os habéis enterado? ¡El incendio ha sido en los *invernaderos* de Castells! Hay que ver qué fuego. Se ha podido ver desde todo el pueblo.

Mi padre la miró. Y tiene que haber un buen motivo para que mi padre deje de trabajar y escuche a alguien.

-No, no… No hemos visto ni oído nada. ¿Y dice que ha sido en los invernaderos de Castells? -preguntó mi padre.

Llucieta siguió hablando, feliz porque también un cliente la escuchaba.

La noticia había llegado a la *ferretería* Coll, donde trabajábamos mi padre, mi madre y yo, Esteve, su único hijo. Y supongo que de modo similar, a través de las tiendas, la información llegó a todo el pueblo de *Campells*, habitado por unas doce mil personas en invierno

incendio, gran fuego, por ejemplo en una casa o en un bosque
Llucieta, es el diminutivo (ver explicación a continuación) de Llúcia, nombre catalán; en esta novela muchos nombres y apellidos son catalanes
diminutivo, indica que algo es más pequeño; por ej. una casa pequeña es una casita. Es también normal llamar a los niños con diminutivos
invernadero, lugar en el que hay plantas, protegido del frío con plástico o cristal; en la costa mediterránea española hay muchos invernaderos
ferretería, tienda en la que se venden sobre todo objetos de hierro y metal, además de otras muchas cosas (ver dibujo en pág. 6)
Campells, este pueblo no existe; es creación del autor. Está situado en Cataluña, región en el noroeste español con Barcelona como capital; en Cataluña hay dos idiomas oficiales: el español o castellano y el catalán

7

y unas veinte mil en verano. Y, para los que no cono-
céis la zona, Campells está en la costa, a unos 30 km
de Barcelona.

-Sí -continuó Llucieta-: diez invernaderos. He dado
5 un paseo y he visto el lugar. Parece que en los invernaderos había *gasoil* para las máquinas. Lo que no se sabe
todavía es si el incendio ha sido accidental o *provocado*.

-¡Qué desgracia! -dijo mi madre-. Esto va a ser una
gran pérdida para Castells. Ahora sólo tendrá tres o
10 cuatro invernaderos…

-Bueno…, a él no le falta dinero. Además, supongo
que tiene los invernaderos *asegurados*.

El incendio fue el tema de conversación durante
toda la mañana, la tarde y los días siguientes. Al entrar
15 en la tienda, cada cliente daba su opinión. Peret, un
cliente, contó:

-En el incendio de esta madrugada ha muerto un
hombre, un andaluz al que llamaban Tronío. ¡Pobre
hombre!

20 -Si ha habido un muerto, el asunto es aún más grave
de lo que parecía cuando lo contó Llucieta. ¿Y quién
era ese Tronío?

-Sí, hombre, seguro que lo conocías: era feo como un
demonio y casi siempre estaba un poco bebido.

25 -Espera… ¿verdad que su mujer se llama Remedios?
-dijo mi madre-. Ya sé quiénes son. Me parece que no
tienen hijos. Y, si los tienen, son mayores y ya no viven
en el pueblo. Hace mucho que llegaron a Campells…

---

gasoil, se produce con petróleo y se emplea para los motores diésel
provocar un incendio, crear un incendio adrede, de modo intencionado
asegurado, que tiene un seguro; un seguro paga una parte de la pérdida
o la pérdida total; hay seguros para coches, seguros contra incendios,
etc.

puede que unos veinte años.

Aquella historia me fascinó, y entonces no podía imaginarme que se volvería una obsesión.

-¿Y qué estaba haciendo ese Tronío en los invernaderos? -pregunté. 5

-Trabajaba para Castells, y por las noches *vigilaba* los invernaderos.

Al mediodía se informó sobre el incendio en la televisión regional. Lo habían dicho hasta en la tele, así que, desde ese momento, todo el mundo podía dar su 10 opinión. Y, como pasa siempre con las grandes noticias, la ferretería se convirtió en una verdadera radio:

-Yo creo que han sido ésos a los que llaman la banda de los peruanos.

-¡Ni hablar, hombre! Esto ha sido cosa de los *gitanos*, 15 que se mueven con libertad por el pueblo.

gitanos

-¿Los gitanos? No lo creo. Están muy tranquilos después de lo que hicieron el año pasado para que sus hijos entraran en el colegio. Y lo consiguieron: ahora mi hijo, el de cuatro años, tiene una amiguita de piel 20 morena.

-Pues mire, Encarna: si hablamos de pieles morenas,

vigilar, mirar si alguien entra en un lugar

9

los que no me gustan nada son los africanos.

Mi marido tiene miedo de los que trabajan en la fábrica. Y peor que los negros son los *moros*. Ésos sí son capaces de cualquier cosa.

5   Al escucharlo, se me cayó la caja de los *tornillos*.

-¡Esteve, había por lo menos doscientos tornillos en la caja!

tornillo

El oído de mi padre es especial y puede calcular con increíble exactitud cuántos son los tornillos que se
10   caen al suelo.

La verdad es que las *broncas* de mi padre no me importan demasiado. En opinión de mi padre, las broncas son necesarias para aprender a trabajar bien en la ferretería.

15   Dije algo, recogí los tornillos y salí hacia la moto.

-¡Y encima te vas cuanto todavía falta una hora para cerrar! -le oí gritar.

No me hacía falta escuchar las siguientes palabras. Las sé de memoria: "¡Aquí hay que trabajar! Cuando
20   dejaste el colegio para trabajar en la tienda ya te advertí que para mí serías sólo un empleado más".

Mientras tanto, yo me decía en voz baja: "Calla y aguanta, Esteve. Los trabajadores siempre sufrimos en el capitalismo moderno".

moro, persona del norte de África
bronca, gritos que se dan a una persona porque ha hecho algo mal

Capítulo segundo
El superfenómeno

El invierno pasado aún no tenía la moto; pude comprarla con los primeros *sueldos* que me pagó mi padre. Así empezó mi vida como empleado de la ferretería.

-Tu verás... si no quieres estudiar más. Cuando acabes el curso podrás dejar el colegio y trabajar en la tienda. Pero todos los meses le entregarás a tu madre una parte de tu sueldo para pagarte la comida y la cama. Está claro, ¿verdad?

¡Por supuesto que estaba claro! Mi padre, el señor Jacint Coll, *propietario* de la ferretería, hace todo lo posible para que yo, Esteve Coll, no lo olvide. Y cada vez que salgo antes de tiempo del trabajo, mi padre me recuerda sus palabras.

Si salí de la tienda, fue porque pensé que los hermanos Hamid podían estar relacionados con el incendio. El hermano mayor, Alí, tenía fama de violento y trabajaba en unos invernaderos de la parte alta del pueblo; seguramente en los de Castells.

Conocí a Abú Hamid un sábado por la mañana. Aquella mañana jugábamos al *fútbol-sala* mientras un chico moreno, que parecía tener unos dieciséis o diecisiete años -después supimos que tenía dieciocho-, nos miraba con *timidez*.

---

sueldo, dinero que gana un trabajador cada mes
propietario, persona a quien pertenece una tienda, empresa, casa, etc.
fútbol-sala, es como el fútbol, pero sólo juegan cinco futbolistas en cada equipo y juegan en un lugar más pequeño
timidez, sustantivo de tímido; una persona es tímida si tiene miedo o vergüenza para hablar con alguien o para hacer algo cuando hay público

Una vez el balón cayó cerca de donde se encontraba aquel chico, Abú. Nos lo devolvió de forma sorprendente. Lo levantó con el pie izquierdo, y luego lo tuvo sobre la cabeza un buen rato.

5 –¡Si no lo veo, no lo creo! –exclamé.

El chico se acercó a nosotros con las manos juntas y una sonrisa, y dijo en un castellano de acento extraño:

–Perdón… Hace mucho que no juego al fútbol… Y me gusta tanto.

10 Así que lo invitamos a jugar con nosotros. Aquel chico sabía jugar tanto o más que yo, y eso que todos reconocen que soy muy bueno con el balón. Al final, mientras nos lavábamos, le dije:

–Vuelve el próximo sábado, si no trabajas.

15 Vino a jugar todos los sábados por la mañana durante un par de meses. Todos los del equipo estábamos de acuerdo en que era el jugador ideal para el *campeonato comarcal* de fútbol-sala.

Pero, al *inscribir* al equipo, pude comprobar personal-
20 mente –y por primera vez– que para los inmigrantes marroquíes las cosas no eran demasiado fáciles.

Cada jugador del equipo presentó un formulario con su nombre y su dirección. El último en entregar su hoja fue Abú. Sólo había escrito en ella su nombre, Abú
25 Hamid, y su nacionalidad, marroquí; todo en castellano y con una letra insegura.

–¿Queréis jugar con este morenito? –nos preguntó Minguell, el encargado de los deportes.

---

campeonato, liga, competición con diferentes equipos
comarcal, varios pueblos vecinos forman una comarca; comarcal es el adjetivo de comarca
inscribir, dar el nombre de una o varias personas en una lista o en formularios; aquí es para participar en el campeonato

-Es un superfenómeno, ya lo verás -le contesté yo.

-Lo que tiene es nombre de perro: Abúúú… Abúú-úú…

Era la primera vez que veía cómo se comportaba la gente delante de alguien que consideran inferior. Abú también comprendió el *insulto*, y bajó los ojos.

-Tú escríbelo y cierra la boca -dije.

Abú estaba muy contento y no hacía más que darnos las gracias por haberlo inscrito en nuestro equipo. Supongo que consideraba aquello una forma de integrarse en la vida del pueblo.

Capítulo tercero
La *guardia civil*

La tarde de la noticia fui a ver a los hermanos Hamid. Vivían con un grupo de marroquíes, y ellos me confirmaron lo que ya imaginaba:

-Abú Hamid y su hermano Alí se han marchado por la mañana, cuando se enteraron del incendio… No sabemos adónde han ido.

Yo conocía muy poco a Alí. Tenía más de veinte años, y era un poco agresivo. Las veces que había ido a vernos jugar, siempre había discutido con alguien. Yo creo que su agresividad era el resultado de su *complejo*

insulto, palabra con la que se quiere provocar o molestar a alguien; decir algo feo a alguien
guardia civil, policía especial española que trabaja sobre todo en los pueblos y en las fronteras
complejo, ideas o emociones de una persona que cambian su comportamiento; son conocidos el complejo de Edipo o el complejo de inferioridad

13

de trabajador marroquí, o sea, del grupo de inmigrantes de segunda categoría, después de los negros, que están mejor considerados en Campells.

Me dirigí al "Deportivo", el bar donde nos reuníamos los del equipo y algunas amigas. Sólo estaban allí el Nano, Albert y Neus.

-Los he visto esta tarde en la estación de *Ciutat* -me dijo Neus preocupada-. Llevaban una bolsa...

-¡Claro! -dijo Albert-. Alí debe de ser *sospechoso*. Tiene fama de agresivo, y dicen que *se había peleado* con ese Tronío.

Me levanté y, casi sin despedirme, salí con la moto hacia Ciutat. Más o menos a medio camino vi a Abú, que volvía solo.

-Vienes de despedir a tu hermano, ¿verdad? -le dije.

Abú me miró con cara de sorpresa.

-Sí, ¿cómo lo sabes?

-Os han visto en la estación de Ciutat. Sube, te llevo al pueblo.

Después de unos tres kilómetros, nos paró la guardia civil. Eran dos guardias civiles, y a uno de ellos, el que parecía tener mi edad, lo conocía. El otro me dijo:

-¿No sabes que en esta moto no pueden ir dos personas?

-Sí, señor, claro que sí..., pero es que he encontrado a este amigo...

-Venga, los papeles -añadió, y se dirigió a Abú.

Mientras miraban los papeles, el guardia joven comentó:

Ciutat, ciudad creada por el autor; ciutat es una palabra catalana que significa ciudad
sospechoso, persona que podría ser culpable
pelearse, discutir y emplear la fuerza y la violencia

14

-Oye, el morenito se llama Abú Hamid. ¿No es sospechoso por el incendio *un tal* Hamid?

un tal, con esta expresión quien habla indica que no conoce a esa persona

Abú estaba lleno de miedo. Mientras subía al coche, repetía una y otra vez que tenía *permiso de residencia* hasta octubre.

-Es a tu hermano a quien buscamos… por sospecho-
5 so de *asesinato*. Ahora, en el *cuartel*, nos dirás dónde está.

-Tú ya puedes irte -me dijo el mayor de los guardias-. Por esta vez tienes suerte.

-Gracias, señor, pero yo… quiero acompañar a mi
10 amigo.

Al hablar de Abú como mi amigo, me puse a pensar. ¿Era realmente mi amigo, o sólo un chico… no inferior, pero sí diferente a nosotros? Y…, ¿qué podía hacer Abú solo delante de los guardias civiles? ¿Quién podía ayu-
15 darle si las cosas se complicaban?

-Mira, chico, vete a casa -dijo el guardia civil.

Al llegar a casa, mi padre me dijo: "¿Qué horas son éstas de venir a cenar? Además, hoy te has ido antes de cerrar. ¿Se puede saber dónde has estado?

20 Pensé que lo mejor era contarle todo. Al terminar, mi padre repitió un par de veces:

-¡Esteve, Esteve! Deja que ellos solucionen solos sus problemas. No busques complicaciones con esa gente. Si el mayor no ha hecho nada, no tendrá problemas…

25 Rápidamente me di cuenta de que la reacción de mi padre sería como la de muchos otros *campellenses*: evitar cualquier complicación. Y eso en el mejor de los

---

permiso de residencia, documento necesario para que una persona pueda vivir legalmente en un país extranjero
asesinato, muerte violenta de alguien; quien mata a la persona es el asesino
cuartel, lugar donde tiene sus oficinas la guardia civil
campellense, habitante de la ciudad ficticia de Campells

casos, porque seguro que muchos pensarían de inmediato que Alí Hamid era el autor del incendio de los invernaderos.

Capítulo cuarto
Los marroquíes de Campells

Abú me había contado que su familia vivía en una ciudad llamada *Oujda*, en la parte más pobre de Marruecos, ésa que está cerca de Argelia y que los turistas nunca visitan. Los Hamid son siete hermanos, y él les envía el dinero que gana. Alí es el mayor, y él, Abú, el cuarto.

-Después de todo, yo he tenido suerte porque aprendí a leer y escribir en los dos años que fui a la escuela. Entre la gente de mi edad hay muchos analfabetos -decía Abú.

-¿Y si alguien quiere tener estudios? -le pregunté yo.

-Allí sólo puedes estudiar para llegar a ser muecín. Los muecines son algo parecido a vuestros *curas*, ¿sabes? Únicamente los que tienen dinero y no necesitan trabajar pueden estudiar bachillerato e ir a la universidad.

Yo pensé entonces en la suerte que tenemos los que vivimos en un país desarrollado, y recordé a mi profesor de historia del colegio. Él nos decía con frecuencia:

-Los países del Norte, es decir, los países ricos, tienen que ayudar a las naciones pobres. Pero…, claro, eso no interesa, porque perderían materiales a muy buen precio. Es más fácil enviar unos aviones con comida y medicinas cuando hay una catástrofe.

Oujda, ciudad grande e importante de Marruecos
cura, persona de la iglesia que dice misa y administra los sacramentos

Las clases de este profesor eran de las pocas que me interesaban, y siempre aprobaba historia.

-Si alguien tiene hambre, no le des un pez: dale una *caña* y enséñale a pescar -solía decir.

5 En Campells, Abú trabajaba en el *picadero*. Tenía que limpiar el suelo y no le dejaban ocuparse de los caballos. A pesar de este trabajo, Abú nunca iba sucio ni olía mal.

caña de pescar

Cuando llegué a casa de Abú, él no había vuelto toda-
10 vía. En la habitación había seis marroquíes. Uno de ellos dijo después de un rato.

-Estamos *asustados*… En el pueblo dicen que ha sido uno de nosotros, Alí Hamid, el que ha incendiado los invernaderos.

15 -Sí, sí, eso dicen -dijo otro-. Una señora me ha insultado, y otra ha dicho que deberíamos irnos.

-Los negros les parecen mejores, ¿verdad? -preguntó otro de ellos, pero no hubo respuesta. Seguramente pensaban que era verdad.

20 Hablaban en castellano porque en el fondo se estaban dirigiendo a mí…, y yo no sabía qué decir. Intenté animarlos:

-A vosotros no os pasará nada. La guardia civil está buscando a Alí, pero todavía tienen que demostrar que
25 él es el autor del incendio y de la muerte del Tronío.

Entonces uno de ellos dijo:

picadero, lugar donde se aprende a montar a caballo
asustado, con miedo

18

-¿Sabes, muchacho? La guardia civil demostrará lo que quiera y cuando quiera. Las cosas *se han puesto muy feas* para Alí, muy feas.

En ese momento llegó Abú. Se sentó a mi lado en la cama y puso las manos delante de la cara. Estaba *pálido*. 5

-¿Qué te han hecho? -le pregunté.

-Nada, sólo me han gritado -contestó Abú.

-¡Claro! Tú no has hecho nada.

-¡Y mi hermano tampoco! Me ha *jurado* que no ha sido él, y yo lo creo. 10

-¿Puede demostrar Alí que estaba en algún sitio, lejos de los invernaderos, cuando empezó el incendio?

-Me parece que no… Dice que se compró una botella de coñac y se fue a beber a la playa. Se va a la playa porque no quiere que los compañeros sepan que bebe 15 coñac. Ya sabes que nuestra religión lo prohíbe.

-¿No te dijo si vio a alguien en la playa?

-Él dice que en la playa siempre hay parejas de enamorados, aunque no sé si ayer…

-Eso no nos ayuda. Seguro que no iban a fijarse en él; 20 y, además, nadie va a hablar en favor de un moro -dije, pero ya era demasiado tarde para callarme.

-Es verdad, tienes razón -dijo Abú.

-¿Adónde ha ido tu hermano? -preguntó uno de los marroquíes. 25

-A Barcelona, a casa de unos amigos marroquíes.

Le pedí a Abú más detalles sobre su conversación con los guardias civiles.

-Me hacían preguntas muy rápidas y no me daban tiempo para pensar las respuestas. Escucha -me dijo de 30

---

ponerse algo muy feo, algo va a tener un final trágico
pálido, blanco; normalmente se usa para indicar el color de la cara
jurar, decir algo y usar el nombre de Dios para demostrar que es verdad

pronto-: Alí no lo ha hecho. Tú lo crees, ¿verdad?

-Yo sí, pero, cuando lo cojan, tendrá que demostrar que no ha hecho nada.

-¿Cómo? ¿Quién nos ayudará?

5   Uno de los marroquíes dijo entonces algo que me impresionó:

-Nadie hará caso de lo que diga un par de moros *de mierda.*

Capítulo quinto
La cena de la victoria

Aquella noche apenas pude dormir. Sólo pensaba en la
10 conversación con Abú. Abú estaba solo frente al problema. Por supuesto que Alí estaba todavía más solo, pero apenas lo conocía, y en cambio Abú había llegado a ser mi amigo. Aunque, ¿se podía llamar amistad a mi relación con él?

15 Mientras daba más y más vueltas en la cama, pensaba que amigos son las personas con las que te encuentras bien; y, en mi caso, eran los jugadores del equipo y algunas chicas que iban al bar "Deportivo" y salían con nosotros los sábados por la noche.

20 Entonces recordé que Abú nunca había venido a comer o a cenar a mi casa. Jamás le había invitado, y ahora, al pensarlo, me daba cuenta de que a mí también me influía el ambiente racista. Si no le invitaba, era porque no quería dar explicaciones a mi padre.

25 Entonces recordé algo que pasó cuando ganamos el campeonato comarcal de fútbol-sala. Celebramos una

---

de mierda, expresión que significa que esas personas no tienen valor ni cualidades; la mierda es el excremento humano o animal

gran cena en el restaurante "Figueres", cerca de Ciutat. Vinieron muchos jugadores de los distintos equipos con algunos familiares, además de las autoridades de los pueblos de la comarca.

En un principio, Abú dijo que no pensaba venir. Supuse que era porque la cena costaba tres mil *pesetas*, que para él (bueno..., y también para mí, ya que todavía no trabajaba en la tienda de mi padre) era mucho dinero. Entre todos los jugadores del equipo queríamos pagar su cena, pero al final no hubo ningún problema porque los organizadores de la cena invitaron al equipo que había ganado el campeonato. Y Abú se vistió una camisa que yo le presté.

En la cena todo iba muy bien hasta que llegamos al segundo plato: carne de cerdo con una salsa que parecía muy rica. Nosotros, los campeones, estábamos en la mesa principal, con las autoridades, y, por tanto, se nos veía muy bien desde cualquier lugar de la sala.

Cuando sirvieron el segundo *plato*, observé que Abú ni siquiera lo probaba.

-¿No te gusta? -le pregunté.

-No, no es eso... Es que yo no puedo comer cerdo.

-¡Hombre, Abú! ¡Un día es un día! -exclamé.

Pero él seguía sin probarlo. Alguien de la mesa, que lo había notado, hablaba en voz baja con su vecino.

-Pediremos que te preparen otra comida -dije.

El camarero cogió su plato.

-¿No le podrían poner unas patatas fritas o una tortilla con verduras? -pregunté educadamente.

---

peseta, antigua moneda de España. Desde el 2002 en España hay euros; 1 euro son 166 pesetas

plato, en España una comida normalmente tiene un primer plato (sopa, verduras o similar), un segundo plato (carne o pescado) y un postre

-Si el moro no quiere comer lo mismo que los demás, puede irse a otro sitio -fue la respuesta del camarero.

Aquello era un insulto. Me puse en pie y dije en voz alta:

5 -Abú tiene sus razones para no comer carne de cerdo, así que haga el favor de servirle una tortilla con verdura.

En toda la sala se supo lo que pasaba. Algunos opinaban en voz muy alta: la mayoría pensaba que no teníamos razón. Sólo unos pocos estaban de acuerdo con nosotros, que veíamos claro que el restaurante no quería servirle patatas o verduras a Abú simplemente porque era un moro. Pude ver cómo sufría Abú porque se sentía la causa del problema y, después de unos momentos, sin decir una sola palabra, se marchó. Me quedé parado un instante, pero inmediatamente decidí ir detrás de él. Aquella noche Abú y yo cenamos dos pizzas.

Todo el pueblo comentó lo que había pasado en la cena. Por supuesto, la mayoría daba la razón al camarero. Pero lo que menos me gustó de toda esta historia fue tal vez la reacción de mi padre:

-La verdad es que a veces pareces un poco tonto, Esteve. ¿Por qué has tenido que hacer todo esto por un simple moro?

Capítulo sexto
Los juramentos de Alí

Después de levantarme, y mientras me duchaba, pensé que lo mejor era hablar con mi padre antes de abrir la tienda. A las ocho de la mañana, mientras nos preparábamos el café en la cocina, le dije:

22

-Escucha, padre: he pensado que voy a coger las vacaciones en el mes de septiembre.

Estaba preparado para su reacción, pero fue más espectacular de lo que esperaba. Me gritó tan fuerte, que mi madre salió *a medio vestir* de su habitación.

-Pero…, ¿qué estas diciendo? ¿Qué te quieres coger las vacaciones en septiembre, o sea, dentro de diez días? ¿Te has vuelto loco? A ver, ¿por qué no puedes ir de vacaciones en octubre, cuando cerramos la tienda? En septiembre la mayoría de los *veraneantes* está aún en el pueblo, y hay mucho trabajo.

En eso mi padre tenía razón: los veraneantes no vuelven a Barcelona hasta finales de septiembre.

Le expliqué mis motivos para coger antes las vacaciones.

-De modo que para ayudar a ese morito vas a dejarnos a nosotros con todo el trabajo. ¡Muy bonito, Esteve!

Mi madre callaba. Entre tanto, mi padre encontró un nuevo argumento.

-Esteve, no te compliques más en ese *asunto*. Es una historia con demasiados moros, y hasta ha habido un muerto. La cosa *está negra*, muy negra.

Al fin habló mi madre:

-Pero, ¿no tenías medio pagado un viaje a Austria con un amigo para estas vacaciones?

-Sí, iba a ir con el Nano… Hoy mismo le diré que no voy. Quiero quedarme aquí. Así Abú no estará tan solo y podré ayudarle.

---

a medio vestir, vestido o vestida sólo en parte, sin terminar de vestirse
veraneante, persona que está de vacaciones en verano
asunto, tema, caso
estar negro, expresión que significa que es muy grave

Mi madre lo comprendió, pero mi padre, en la tienda, me miraba todo el rato, y se aseguraba de que no iba a hacer más *disparates*.

Por la tarde, después de cerrar la tienda, fui al "Deportivo" para ver a los amigos. Allí el principal tema de conversación era una vez más el incendio de los invernaderos.

-He oído decir que la policía de Barcelona ya ha encontrado a Alí -decía Albert Mateu.

-¡Qué rapidez! -exclamó Neus-. Total, el incendio fue hace dos días.

-Era fácil encontrarlo. Supongo que tienen una lista de todos los pisos donde viven moros y negros -añadió Albert.

En aquel momento apareció Abú.

-Han encontrado a mi hermano y lo han llevado a la... a la "Mirelo", creo que han dicho -contó Abú desesperado.

-A la *cárcel Modelo*... ¡Pobre tío! Va a pasarlo mal -dijo el Nano.

-Él no ha hecho nada -nos aseguró Abú-. Me lo juró por *Alá*. Y ahora, ¿qué tengo que hacer? ¿Qué puedo hacer? Él no ha sido, de verdad. Me lo juró.

paquete de
pañuelos
de papel

Entonces Abú comenzó a llorar. Neus le dio un *paquete de pañuelos de papel*. Yo no sabía cómo actuar en

---

disparate, locura, algo absurdo; un loco hace disparates
cárcel Modelo, prisión de Barcelona
Alá, Dios en la religión musulmana

una situación tan desesperada; al final exclamé:

-¡Ahora mismo me voy al cuartel de la guardia civil!

Todos siguieron sentados mientras salía. Abú iba a mi lado y no dejaba de llorar.

El guardia civil de la puerta reconoció a Abú y nos dejó 5
pasar. Poco después llegó el *sargento*.

-Mira, Abú... Te llamas Abú, ¿verdad? El *juez* ha *ordenado* que tu hermano permanezca en prisión hasta el día del *juicio*, que, en su caso, será dentro de unas tres semanas, o quizá un mes. 10

-Él no ha hecho nada, señor, me lo ha jurado por Alá.

-Puede que él no sea culpable, y ya sé que para vosotros, los musulmanes, jurar es muy importante. La cuestión es que esa noche nadie vio nada, pero se sabe que 15
un par de días antes tu hermano se peleó con el Tronío a causa de un problema en el trabajo, y tuvieron que separarlos. Tu hermano le dijo entonces al Tronío que le mataría.

-Alí tiene un carácter violento -dije yo-, pero nunca 20
ha hecho mal a nadie.

-¿Puedo ir a verlo, señor? -pregunto Abú.

-Dentro de una semana, todas las tardes a las cinco.

Cuando nos despedíamos, me decidí a preguntar:

-¿Y no están buscando ustedes a otros posibles sospe- 25
chosos?

-De momento no. Pero todo depende de lo que diga el juez.

---

sargento, el sargento es más importante que un guardia civil normal, y menos que un teniente o capitán
juez, persona autorizada para decidir si una persona es culpable, o no
ordenar, mandar, decir
juicio, sesión o sesiones en las que un juez decide si alguien es culpable

Acompañé a Abú a su casa. Al entrar en la casa, me pareció que sus compañeros le miraban de un modo raro. Al final, el mayor de todos los marroquíes dijo:

-Alí está en la cárcel, y eso nos crea problemas en el
5 pueblo. Además, no nos has pagado vuestra parte del alquiler de este mes. Me parece que tendrás que buscar otro sitio donde vivir.

Me *quedé helado*. En lugar de permanecer unidos, los marroquíes no dudaban en alejarse de uno de ellos para
10 no tener problemas en el pueblo. Seguramente estaban tan asustados como el mismo Abú, o incluso más, lo cual podía explicar su falta de solidaridad. Sin duda la causa de su comportamiento era la terrible inseguridad en que vivían.

15 Fui al banco y saqué seis mil pesetas. Se las entregué al que me pareció de más edad.

-Abú se quedará aquí hasta que encuentre otra casa.

Ellos no dijeron nada. Mientras les daba el dinero, no dejaba de pensar: "Y después, ¿adónde irá? No pue-
20 do llevarlo a mi casa por mi padre".

Capítulo séptimo
El *chiringuito* de Jenaro

A la mañana siguiente, en la tienda, volví a pensar en aquella idea sobre la seguridad…, sobre mis pequeñas o grandes seguridades. El monótono trabajo en la ferretería no me gustaba demasiado, pero el sueldo me ofrecía algo de seguridad. Además, tenía asegurado un plato en
25 la mesa. Y también tenía la seguridad de vivir en un

---

quedarse helado, tener mucho frío; aquí significa tener una sorpresa desagradable
chiringuito, bar en la playa con las mesas al aire libre

26

país que parecía ir hacia adelante. Por lo menos, eso era lo que decían los políticos.

Abú, por el contrario, no tenía ninguna seguridad: ni en lo personal, ni en lo relativo a su país. Y en aquellos momentos debía encontrarse todavía más inseguro que nunca. Sólo le quedaba el fútbol.

Aquella mañana no entraban muchos clientes. De pronto oí una voz a mi espalda:

-Esteve, ¿puedo hablar contigo?

Abú estaba delante de mí: estaba muy asustado.

-Escucha, me han echado del trabajo.

-Pero..., ¿qué ha pasado? -yo ya sospechaba el motivo-. ¿Has hecho algo malo?

-No, no, pero en el trabajo no quieren al hermano de alguien que ha matado a una persona.

Los ojos de Abú estaban llenos de lágrimas.

-No te preocupes, ya te encontraremos algún trabajo. ¿Qué llevas ahí?

-Mi ropa. Me han echado de casa. Mis compañeros tienen miedo de que la guardia civil les haga preguntas -fue su único comentario.

-Escucha, Abú -le dije entonces-: nos vemos a las ocho en el "Deportivo" y así pensaremos qué puedes hacer.

Pensé en esto toda la tarde. Ahora el problema era doble: por un lado estaba Alí, y por otro, Abú.

A las ocho menos cinco iba hacia el "Deportivo" cuando encontré a Neus, que salía de trabajar. Enseguida hablamos de los Hamid.

-¡*Hosti*, tío! ¿También se ha quedado sin trabajo?

hosti, expresión vulgar para indicar sorpresa

Hablamos sobre la posibilidad de encontrarle un trabajo. Entonces dijo Neus:

-Quizá pueda trabajar en el chiringuito de Jenaro.

-¿Tú crees? -pregunté yo.

5 -Si quieres, yo puedo acompañar a Abú.

-¿Por qué lo dices? ¿Porque Sonia es la hija de Jenaro?

Aquello era una vieja historia. Hacía por lo menos dos meses que no la veía. En cambio el año anterior
10 habíamos salido muy, muy intensamente. Pero el verano pasado, mientras yo empezaba a trabajar con mi padre, ella *ligaba* con Xavier Canals, un veraneante de Campells. Rompí con ella. Estuve recordando aquella historia mientras Neus, Abú y yo íbamos hacia el chi-
15 ringuito de Jenaro.

-No me importa tener que trabajar mucho -decía Abú.

Neus, al oírlo, me dijo en voz baja: "Mejor limpiar platos que mierda de caballo". Por aquellos días descu-
20 brí que Neus, aunque era muy *mal hablada*, tenía un gran corazón, y la historia de Hamid le indignaba por la actitud de la mayoría de los campellenses.

-¡Son unos racistas! -solía decir.

El chiringuito de Jenaro estaba lleno de clientes. Jenaro,
25 el propietario del chiringuito, y Maruja, su mujer, se movían a toda velocidad entre las mesas. Sonia, detrás de la *barra*, servía bebidas.

ligar, flirtear
mal hablado, que emplea expresiones vulgares
indignar, molestar profundamente, estar muy enfadado
barra, lugar donde se sirven las bebidas y que separa al camarero de los clientes

28

Sonia estaba preciosa. Morena por el sol de la playa…, con aquellos ojos azules y los dientes tan blancos y perfectos… Llevaba una camisa muy fina y, debajo, un minúsculo bikini que exhibía al servir las bebidas en las mesas. ⁵

Abú no dejaba de mirarla, y Neus me dijo en voz baja:

-Ahora comprendo por qué este verano está de moda el chiringuito de Jenaro…

Cuando al fin conseguimos una mesa libre, Sonia nos saludó:

5 -¡Hola! ¿Aún estáis vivos? ¡*Dichosos* los ojos que os ven!

Yo no supe qué decir, pero Neus contestó rápido:

-Aquí los dichosos son sólo los ojos de los chicos… ¡Felicidades, tía!

10 Pedimos una ensalada y sardinas para cenar mientras esperábamos hasta que Jenaro tuviera menos trabajo. Neus comentó:

-Qué mala suerte estar sentados tan lejos de Sonia, porque podríais comer sólo con la mirada. Si Abú con-
15 sigue trabajo aquí, seguro que *engorda*…

Abú no entendió el comentario, y Neus se lo explicó detalladamente, moviendo las manos. Entonces Abú sonrió; hacía muchos días que no le veíamos sonreír.

Jenaro le ofreció trescientas pesetas a la hora. Yo iba
20 a protestar, pero Neus me dijo en voz baja:

-Eso es lo que se les paga a los que no tienen *contrato*.

Jenaro le daba comida y cena. Y, por la noche, podía quedarse a dormir en el chiringuito.

-No quiero que los clientes te vean -explicó Jenaro-,
25 porque, después de lo que ha pasado con tu hermano…

-Gracias, señor Jenaro, gracias -repetía Abú-. Pero mi hermano no lo hizo…; me lo juró por Alá, señor Jenaro.

---

dichoso, feliz, con suerte
engordar, volverse más gordo, tener más kilos
contrato, un contrato de trabajo es el documento legal entre el propietario y el trabajador

30

Capítulo octavo
Otro sospechoso

Desde aquella misma noche, Abú comenzó a dormir en el chiringuito. A partir de entonces todos nos encontrábamos después del trabajo en el chiringuito de Jenaro. A Abú siempre le decíamos cosas parecidas:

-¿Has dormido bien esta noche? ¿Solo o acompañado? 5

Unos días más tarde vino Neus a buscarme a la tienda. Neus no era muy guapa, sobre todo en comparación con Sonia. Tenía los ojos de un color indefinido, y su piel nunca estaba morena porque sólo podía ir a la playa los sábados y los domingos. Pero cada día me parecía más agradable. 10

-Me he enterado de una cosa que puede ser muy importante. Me refiero al incendio de los invernaderos. Esta tarde el señor Castells ha ido a la *gestoría* donde trabajo. Paco, mi *cuñado*, se ocupa de sus *negocios*. 15

-Muy bien, ¿y qué? -pregunté yo.

-Ha estado hablando un rato con Paco y, cuando se iba, mi cuñado me ha dado unos papeles que yo tenía que guardar. 20

-¿Y qué tiene de extraño eso?

-He visto el documento: es de la compañía de seguros "World's Insurances", y era sobre el incendio.

-Debía tener los invernaderos bien asegurados.

-Sí, pero lo que pasa es que en Barcelona, en esa 25

gestoría, oficina que se ocupa de las tareas burocráticas de personas privadas o de empresas
cuñado, marido de una hermana
negocio, trabajo o tarea con el que se gana dinero

31

compañía norteamericana trabaja... su *sobrino*, Joan López Castells -continuó Neus.

Yo seguía sin ver la relación entre el incendio y lo que me contaba Neus.

5 -¡No seas bobo! -exclamó Neus-. Supongo que no hay ninguna *prueba*, pero..., ¿y si el incendio ha sido provocado para cobrar el seguro?

-¡Neus, eso sería muy *gordo*!

-No sería la primera vez que alguien provoca un
10 incendio para cobrar el seguro -continuó-. Además, dicen que el negocio de las flores ha sido muy malo este año.

Aquella conversación me hizo dudar, y Neus también tenía sus sospechas, pero no sabíamos qué podía-
15 mos hacer.

-No tiene mucho sentido ir a esa compañía de seguros de Barcelona para informarnos. No nos dirían nada.

-¡Hombre! -exclamó Neus, y añadió el correspondiente *taco*-. Los *investigadores privados* sí se enteran de
20 cosas como ésta.

-No digas bobadas, Neus. Lo que sí podemos hacer es preguntar a tu cuñado.

-Imposible -dijo Neus-. Paco jamás me diría algo relacionado con la gestoría.

25 -¿Tampoco si es un caso de asesinato?

La respuesta de Neus me hizo pensar:

-¿Y quién es Alí? Mi cuñado no es especialmente racista, pero piensa como la mayoría de los campellen-

---

sobrino, hijo de un hermano o hermana
prueba, algo que demuestra que alguien es culpable
gordo, en estilo informal significa serio, con consecuencias importantes
taco, palabra vulgar; por ejemplo un taco antes nombrado es "hosti"
investigador privado, detective que no es policía y trabaja de modo inde-
pendiente

ses: para él, Alí es sólo un moro.

A la mañana siguiente pasé por el cuartel de la guardia civil. Allí estaba el guardia civil que ya conocía:
-Dile a tu amigo que seguramente hoy pueda ver a su hermano en la cárcel. Parece que el juicio va a ir deprisa. 5

Se lo conté a Neus, y los dos fuimos a hablar con Jenaro. Jenaro empezó a echar fuego por la boca:
-¡Tengo al morito sin permiso de trabajo y ahora queréis llevarlo de paseo! 10
-¡Hombre, Jenaro! Es su hermano...
-¿Y quién va a lavar los platos? -decía Jenaro-.

Sonia (que desde que íbamos por el chiringuito ya no llevaba bikini) dijo:
-¡Pobre Abú! Está siempre muy triste y sólo repite 15 que su hermano le juró que no lo había hecho.

De pronto Neus, con su corazón inmenso, dijo:
-Jenaro, yo voy a lavar todos los platos. Y si mi cuñado dice algo porque no voy a la oficina, me da igual. Total, me paga tan poco... 20

Cuando íbamos en tren, Abú parecía muy contento. Hablaba de su familia y de Oujda. Y, cuando se refería a su hermano, repetía lo del juramento de Alá.

Yo pensaba en lo importante que era la religión para él: no sólo porque no comía carne de cerdo, sino tam- 25 bién porque todo lo que se juraba en nombre de Alá se convertía en verdad absoluta. Tal vez los inmigrantes sólo tienen el apoyo de la religión. También pensé que nosotros, los chicos de Campells, con todas nuestras seguridades, parecíamos no necesitar a Dios. Vivíamos 30 nuestras vidas tranquilos y, cuando veíamos una catástrofe en la tele, decíamos simplemente: "pobre gente", y enseguida pensábamos en otra cosa.

Dos semanas más tarde, cuando comenzó el juicio de Alí, hacíamos entre todos el trabajo de Abú. Albert Mateu, el Nano o yo nos quedábamos por las tardes en
5 el chiringuito y lavábamos los platos.

El dinero que ganábamos lo cobraba Abú, que lo enviaba a Oujda. Un día, el Nano descubrió otro modo de cobrar:

—He lavado tan bien los platos, que Sonia me ha
10 dado un beso. No muy largo, pero…

Neus se rió entonces:

—Buen provecho, porque yo no pienso probar esos besitos.

Capítulo noveno
La señora Miró

El día antes de empezar mis vacaciones, en septiembre,
15 mi padre me envió a montar un *extractor de humos* a casa de la señora Llucieta Miró. Pero antes me dijo:

—Ya me dirás quién va a hacer estos trabajos durante el mes de septiembre, cuando tú no estés.

tubo

extractor
de humos

Aquella mañana me pasó algo especial: fui el único
20 campellense (y probablemente el único ser vivo) que ha conseguido ver a la señora Llucieta Miró con la cara sin *maquillaje*.

maquillaje, productos cosméticos para la cara o el cuerpo

34

Al llegar a las nueve y diez a su casa, la buena mujer estaba todavía en la cama y tuvo que levantarse para abrirme la puerta. Después, cuando volvió a aparecer en la cocina, en su cara ya tenía el medio *bote* habitual de maquillaje. 5

bote

Montar el extractor fue muy difícil y fue ella, quien me miraba trabajar, quien empezó a hablar del tema:

-¿Verdad que eres muy amigo de ese morenito que juega al fútbol? El que lo tiene muy negro es su herma-no. ¿Cómo se llama?

-Alí -respondí. 10

-Yo fui la primera en ir a los invernaderos, antes que Llorenç Castells.

-Sí, señora...; recuerdo que usted nos los contó en la tienda.

-Exacto. Y..., ¿sabes? Resulta que al Tronío le gusta- 15 ban mucho las faldas.

-Pero, ¿no dicen que era feo como un demonio?

-¡Ay, hijo!: tú eres muy joven y aún no puedes enten-derlo, pero los hombres son los hombres... y las muje-res son las mujeres; lo sé muy bien porque la señora que 20 viene a hacerme la limpieza es vecina de una a la que llaman Cruz y parece que esta Cruz *se entendía* con el Tronío.

Eso me interesaba; aunque ya estaba terminando el trabajo, volví a sacar el *tubo* de la pared para tener más 25 tiempo.

---

entenderse, aquí significa tener una relación amorosa

-¿Qué me dice, señora Llucieta? -pregunté asombrado.

-Sí, y la mujer que me hace la limpieza dice que un par de días antes del incendio oyó una discusión entre Cruz y su marido, y el hombre juraba que mataría al Tronío.

-¡Hosti! -exclamé yo.

-Habla bien, Esteve…

-Sí, señora, perdone. ¡Pero es que esto es muy gordo!

-Pues yo creo que no es demasiado importante. Esas cosas se dicen cuando uno está muy enfadado, ¿verdad?

-Puede que sí, pero Alí también había dicho que mataría al Tronío, en este caso por cuestiones de trabajo…, y ahora está en la cárcel.

Siempre recordaré la cara de la señora Llucieta, que podía ver incluso debajo del maquillaje, mientras decía:

-Alí es un moro, pero el marido de Cruz es catalán.

Terminé de montar el extractor y fui a ver a Neus. Después de contarle mi conversación con la señora Miró, Neus dijo:

-De modo que puede haber dos sospechosos más.

-¿Y no crees que podemos utilizar lo que sabemos para ayudar a Alí? -pregunté yo.

-Chico, no lo sé. Supongo que un *abogado* podría decírnoslo.

Espera… Seguro que Alí ya tiene uno. ¿Cómo se llaman los abogados que defienden a quienes no tienen dinero para pagar un abogado?

-Abogados de oficio.

-Mira, Neus, creo que, de momento, no debemos decirle nada a Abú. ¡Pobre tío! Sufriría aún más.

abogado, persona que defiende a una persona o empresa en un juicio; se le llama también "abogado defensor"

36

-Parece más tranquilo desde que puede ir a ver a su hermano.

-Sí... Y Alí no parece una mala persona, a pesar de que su cara y su pelo son tan..., ¿cómo diría?, tan marroquíes.

-Pero..., ¿qué dices? ¡Estás hablando como todos esos racistas del pueblo!

-Chica, lo siento, *se me ha escapado*.

-Ya, ya... Lo mismo os pasa con el machismo; todos queréis disimularlo, pero... ¡os sale de dentro!

Capítulo décimo
El investigador privado

Neus y yo decidimos que no íbamos a contarle a ninguno de nuestros amigos lo que nos había dicho la señora Miró. Cuando se cuentan estas cosas, nunca se sabe cómo pueden acabar.

-De todas maneras -dijo Neus-, es muy extraño que en un pueblo como el nuestro no se comente nada sobre esa tal Cruz y su marido.

-Neus, deberíamos aprovechar para investigar *por cuenta propia*.

-¿Qué quieres hacer? ¿Crees que esa Cruz te va a contar que se entendía con el Tronío? ¿O que el marido te va a contar que mató al Tronío por *celos*?

De todas formas, fuimos a Ciutat para hablar con un

---

escaparse algo a alguien, decir algo que no se quiere decir
por cuenta propia, sin ayuda; es decir, sin necesitar un investigador privado
celos, tener celos o estar celoso es el sentimiento cuando se sospecha que la persona amada tiene una relación amorosa con otra persona

detective. Lo encontramos en la *guía telefónica*: "Josep F. M., investigador privado".

El señor F. M. era el típico anti-detective privado de las películas. Debía tener unos setenta años, y su pelo era completamente blanco. Nos abrió él mismo la puerta de un piso muy pequeño. El señor F. M. iba en *zapatillas*.

zapatillas

-Por vuestra cara veo que mi aspecto os ha *decepcionado*. Sin embargo tengo éxito gracias a mi aspecto -y añadió-. ¿Verdad que, si me encontráis en la calle, no pensáis que este viejo pueda ser un detective?

Aquel hombre nos resultó agradable, y le explicamos el motivo de nuestra visita. Recordaba el incendio, y enseguida nos dijo con toda claridad:

-Esto no es asunto para mí; aquí tiene que actuar la guardia civil o la policía.

-Pero -dije yo-, quizá a través de las cartas se pueda saber…

-Muchacho, tú has visto muchas películas. Sin orden del juez, no se puede ver la correspondencia privada. Aquí los investigadores privados no usamos los métodos de las películas americanas…

Como yo ya sospechaba, el señor F. M. nos cobró ocho mil pesetas. Antes de irnos, se me ocurrió decirle:

-Perdone, pero al hermano pequeño se le acaba el permiso de residencia dentro de un par de meses…

guía telefónica, libro en el que se pueden ver los números de teléfono de los habitantes de una ciudad
decepcionar, dar mala impresión, no conseguir lo que se había esperado

-Malo… Si quiere quedarse, tiene que conseguir un trabajo fijo. También tiene que demostrar que tiene una residencia fija.

Neus y yo nos miramos y, sin decir una sola palabra, estuvimos de acuerdo en que, evidentemente, en el chiringuito de Jenaro Abú no tenía trabajo fijo, ni una residencia, ni nada parecido.

Nos fuimos a tomar un café. Neus estaba triste, y hasta me pareció que tenía los ojos llorosos. Le cogí la mano y nos quedamos en silencio. Me miró y después sonrió. Entonces la abracé… y la besé.

-Lo siento -dije-. Debe haber sido porque estoy triste a causa de Abú.

-No lo sientas; me ha gustado mucho -dijo ella, y me devolvió el beso.

Yo estaba contento y triste al mismo tiempo, y creo que a Neus le pasaba lo mismo. Comentamos que, hasta entonces, habíamos sido sólo dos compañeros del mismo grupo, pero a veces llega un momento en el que ves a determinadas personas de una manera diferente.

-Sobre todo a una -dijo ella-: porque si ves a demasiadas chicas de una manera diferente…

Por aquellos días sólo podía pensar en Neus y Abú. Por un lado me sentía feliz con Neus…, pero, respecto a Abú, sólo sentía pesimismo.

-Lo más urgente es encontrar un trabajo fijo para Abú -le dije a Neus.

Decidimos hablar de eso en el chiringuito, pero Jenaro no quiso saber nada. Neus preguntó a su padre y a conocidos, pero la respuesta siempre fue negativa.

Una tarde, Nano pensaba en voz alta:

-Lo mejor que hace Abú es jugar al fútbol. Podría

conseguir un contrato con algún club, ¿no?

-¡Sí, hombre! Vamos a hablar con *Cruyff*.

Pero después de un rato nos dimos cuenta de que la idea del Nano no era tan mala. Por medio del presi-
5 dente del Atlétic Campellense fuimos a ver al vicepresidente del Club de Fútbol de Ciutat.

-Alguien me ha hablado de ese morito -comentó-. Pero yo veo un problema, y ya os podéis imaginar cuál es: el chico es marroquí. La gente va a protestar si con-
10 tratamos a un moro. De todas maneras, voy a hablar con el entrenador.

Pero el entrenador dijo claramente que no. Eso sólo crearía problemas con el público y con los otros jugadores del equipo.

15 Pobre Abú. Ser marroquí le influyó incluso para jugar al fútbol.

Capítulo undécimo
El abogado de oficio

El abogado de oficio era el señor Manuel *Puig*. Una tarde Neus y yo fuimos a verlo. Su despacho estaba en un piso grande, lleno de secretarias y hombres jóvenes
20 que iban de un lado a otro con montones de papeles. El señor Puig estaba sentado detrás de una mesa gigantesca. Al principio mostró una actitud amable, pero poco a poco fue perdiendo la paciencia.

-Chicos, no entiendo el interés que ponéis en el *acu-*
25 *sado*.

Cruyff, Johann Cruyff fue un famoso futbolista holandés; fue jugador y después entrenador del Fútbol Club Barcelona
Puig, es un apellido muy normal en Cataluña; su pronunciación, leído en castellano, es "Puch"
acusado, persona que tiene que ir a un juicio y puede ir a la cárcel

40

Debéis saber que a su hermano no va a pasarle nada.

Cuando le dijimos que había otros posibles sospechosos, el señor Puig salió un momento y volvió acompañado por un hombre más joven, de unos treinta y tantos años. ⁵

-Os presento al abogado Emili Sánchez, de mi equipo -nos dijo-. Pediré que él se ocupe de este caso. Entre tanto, podéis hablarle de vuestras sospechas.

Después supimos que el señor Puig tenía mucho que hacer esos días, pues era candidato en las próximas ¹⁰ elecciones. Y, lo que era más interesante aún, también nos enteramos de que incluso había tenido negocios con Castells.

Cuando estábamos en la calle, le dije a Neus:

-Ése no quiere el caso. Seguro que tiene miedo de ¹⁵ trabajar demasiado.

-¡Normal! -añadió ella-. Si además ha decidido meterse en política…

Emili Sánchez, en cambio, demostró interés desde el primer momento. ²⁰

-Mira, Esteve… Es mejor que nos *tuteemos*, ¿no? Si piensas que voy a actuar para conseguir que gane la justicia…, muy bien; y si crees que sólo quiero ganar más prestigio profesional…, pues también.

Me dijo que si la jueza del caso, Adriana Jiménez, ²⁵ tenía sospechas de que Alí podía no ser culpable, ordenaría una investigación; y pediría la *declaración* de Pere Saumells, el marido de Cruz, y también de Llorenç Castells y de su sobrino.

---

tutearse, hablar con "tú", y no con "usted"
declaración, declarar es contar algo en un juicio; el sustantivo de declarar es declaración

Cometí el error de comentar en el chiringuito el resultado de nuestras investigaciones, y al día siguiente ya todo el pueblo sabía lo que pasaba. La verdad es que no sé por qué lo hice, pues Neus y yo estábamos de acuerdo en no decir nada a nadie.

-¿No te basta con perder el tiempo en asuntos que no te importan? ¡Además quieres buscarle problemas a Llorenç Castells y a ese tal Saumells, al que ni siquiera conozco? -me gritaba mi padre.

-¡Ay, Esteve, hijo mío! ¡No sabes lo que estás haciendo! -decía mi madre.

No, no sabía lo que estaba haciendo… Dos días después en las paredes de la casa de Neus y de la ferretería aparecieron unas pintadas: "Los moros de mierda, a su país".

Cuando fui a la guardia civil para contarlo, el sargento dijo:

-Muchacho, creo que vas a volver muy pronto por aquí.

En efecto: dos días después tiraron mi moto al mar. No se supo quién fue, y yo no quise saber más porque ya empezaba el juicio.

Capítulo duodécimo
Empieza el juicio

La sala del juicio me impresionó. O, mejor dicho, no la sala, que era muy moderna, sino ver a los abogados, al *fiscal* y a la jueza, todos muy serios al entrar.

fiscal, persona que defiende al estado en un juicio; normalmente pide un castigo para el acusado

42

Entre el público estaba medio Campells (bueno, no tanto, pero sí muchas caras conocidas). La mayoría, gente que no había ido al trabajo aquel día para poder estar en el juicio. Mientras esperábamos en el pasillo a la jueza, escuché todo tipo de comentarios: 5

-Ese abogado…, Emili Sánchez, lo único que quiere es participar en un juicio espectacular.

-¡Seguro! Me han dicho que es casi un desconocido y que suele ocuparse de accidentes de tráfico.

-¡Y todo porque cuatro *críos* han complicado el asun- 10 to! Ahora también tiene problemas el pobre Sau- mells… y Cruz. Si el Tronío y ella se entendían… es asunto de ellos y no tiene que saberlo todo el pueblo.

Empezó el juicio contra Alí Hamid como principal acusado. También estaban *implicados* Pere Saumells y 15 Llorenç Castells en relación con el incendio de los invernaderos.

Primero, el fiscal dijo que Alí Hamid era una perso- na peligrosa y que había tenido problemas con el Tro- nío. Pidió cinco años de cárcel, en una prisión españo- 20 la o marroquí. No pidió más años de cárcel porque con- sideraba que el acusado no había querido provocar la muerte.

Abú estaba muy excitado:

-¡Cinco años…! No puede ser, no… Las cárceles de 25 mi país son terribles.

Le explicamos que era sólo lo que el fiscal pedía y que todavía faltaba todo el juicio.

Emili Sánchez habló después. Dijo que no había pruebas y que el Tronío había tenido problemas con 30

crío, niño pequeño
implicado, relacionado con algo; los implicados en un juicio están rela- cionados con el caso, aunque no son los acusados principales

43

muchas otras personas, y no sólo con Alí Hamid.

Entonces entró Alí en la sala. Estaba muy pálido y parecía como *ausente*.

Albert Mateu me dijo en voz baja:

5 -Este tío no parece normal. Debe de haber tomado drogas en la cárcel.

-Pobre chico -comentó Neus con la mano cerrada sobre la boca-. Además de estar en la cárcel, puede ser que ahora sea drogadicto…

10 Habló después otro abogado contratado por la *viuda* del Tronío. Dijo que el gasoil para las máquinas se *almacenaba* en los invernaderos y que eso estaba prohibido. Este hecho provocó la muerte del Tronío y pidió para la viuda veinticinco millones de pesetas, dinero que tenía

15 que pagar Castells. Si se demostraba que el incendio había sido provocado por el propio Castells, éste tendría que pagar cincuenta millones.

Abú no entendió nada de lo que dijo, y la verdad es que yo tampoco entendí mucho más. Cuando le expli-

20 qué lo que quería la viuda del Tronío, Abú me preguntó asombrado:

-¿Después de haber perdido los invernaderos tiene que pagar más dinero el señor Castells?

Al final del día, la jueza se quitó las gafas redondas

25 (con ellas parecía una niña estudiosa) y dijo que se terminaba la sesión. El juicio continuaría dos días después.

Antes de salir, el secretario de la sala llamó para declarar en la próxima sesión al señor Castells, al matrimonio Saumells y… a mí. Al oírlo, tuve tantos nervios

---

ausente, que no está en un lugar; aquí significa que no escucha, no presta atención
viuda, mujer cuyo marido ha muerto
almacenar, guardar, tener en un lugar

44

que casi no me dio tiempo para llegar a los *lavabos* del edificio.

Al salir a la calle, me pareció que algunas personas me miraban de un modo especial, y Neus pudo oír el siguiente comentario:

-Por culpa de Esteve, Llorenç Castells va a tener que pagar al menos veinticinco millones.

Capítulo decimotercero
Los implicados

Aquella noche tampoco pude dormir. Me preguntaba si la justicia era lo que había visto en esa sala. Parecía una comedia, donde el fiscal y los abogados estaban jugando, y cambiaban argumentos y observaciones. Pero no, no era una comedia: Alí podía pasar los próximos cinco años en una cárcel.

Por otra parte, también pensaba en los comentarios de la gente sobre el dinero que tendría que pagar Castells. "Pobre Castells... Quizá tenga que vender el Mercedes y comprarse un Renault, como todo el mundo", pensaba yo.

También veía a Neus, preocupada por Alí y, sobre todo, por Abú. Y tan *afectuosa* cuando hablaba conmigo.

Me duché, pero no conseguí tranquilizarme.

A las once de la mañana llamé a Emili Sánchez.

-¿Qué tienes que decir mañana? -me dijo-. Hombre, pues está bien claro: la verdad.

Bajé un rato a la tienda para pensar en otras cosas.

---

lavabo, aquí significa cuarto de baño, WC
afectuoso, que muestra amor

45

Pero fue todo lo contrario: mi padre me saludó con el comentario:

—Esteve, si querías volverte famoso, lo has conseguido. Todo el mundo dice que Castells va a tener que pagar veinticinco millones por tu culpa. Incluso yo tengo problemas. Peret, por ejemplo, me ha preguntado si ahora los moros son mejores clientes que los campellenses.

A la mañana siguiente, el primero en declarar fue Pere Saumells, con ese modo de hablar habitual en él, sin mover casi los labios.

46

Dijo que su *matrimonio* era excelente, aunque hacía unos meses su mujer y él habían tenido pequeñas *diferencias*. Él había estado un poco celoso porque…, "con una mujer tan *sabrosona*…, la señora jueza ya me entiende, ¿verdad?", dijo en medio de las risas del público. Sobre el Tronío dijo que no le resultaba simpático y que una vez habían discutido, sobre un partido de fútbol.

Después habló Cruz, su mujer, y confirmó lo que había dicho Pere Saumells sobre su matrimonio. Dijo que Pere era "muy hombre en todos los aspectos, ¿sabe usted?", y añadió que a veces le gritaba, pero que eso demostraba que era muy hombre.

-¿Y le ha pegado alguna vez por celos? -preguntó la jueza.

-No, señora… Bueno, no muy fuerte. Sólo lo normal entre matrimonios, ¿sabe?

Cruz admitió que conocía al Tronío, aunque sólo de vista; bueno…, alguna vez había estado con él en un bar y el Tronío la había invitado.

Afirmó que, la noche del incendio, Pere Saumells había estado toda la noche en su casa.

La declaración de Llorenç Castells fue muy breve. Él no se enteró del incendio hasta que la guardia civil se lo dijo. Sobre el gasoil almacenado en su invernadero, dijo que era una costumbre habitual en la región. "¿O quizá alguien puede construir un edificio para guardar gasoil cuando los invernaderos dan tan poco dinero?"

Su sobrino, que trabaja en "World's Insurances", dijo

matrimonio, un hombre y una mujer casados forman un matrimonio; matrimonio es también la relación entre la pareja casada
tener diferencias, tener opiniones diferentes sobre algo, discutir
sabrosona, atractiva; es una expresión popular

que Llorenç Castells es un buen cliente de la compañía de seguros.

-¿Es cierto que el señor Castells, seis meses antes del incendio, había *aumentado* su seguro? -preguntó la jueza.

Aquello me sorprendió, pues demostraba que la jueza se había informado muy bien.

-Sí, es cierto. Pero, señora, todos los propietarios deberían actuar así.

-Entonces -continuó la jueza-, ¿qué dinero va a pagarle la compañía de seguros al señor Castells?

-No puedo decirlo con seguridad todavía…

-Diga una cantidad aproximada.

-Unos… cien millones de pesetas.

Se oyó un *murmullo* en toda la sala.

Después me levanté yo, nervioso, para declarar. Cuando juré que iba a decir la verdad, estaba ya muy tranquilo. Me preguntó el fiscal:

-¿Alguna vez vio que el acusado tuviese discusiones?

-Sí, dos o tres veces en el fútbol -respondí-. Siempre quería defender a su hermano pequeño, que jugaba con nosotros.

-¿Ha hablado usted alguna vez con el señor Abú Hamid sobre el asesinato del que se acusa a su hermano?

-Sí, muchas veces; siempre me ha dicho que Alí jura por su dios que no fue él.

El fiscal no me preguntó nada más.

---

aumentar, subir
murmullo, ruido cuando mucha gente habla en voz baja al mismo tiempo

Capítulo decimocuarto
El *veredicto*

Dos días más tarde la jueza tendría que dar su veredicto. Dos días llenos de nerviosismo para los campellenses. Las conversaciones en el mercado, en las tiendas, en cualquier lugar eran sobre el mismo tema: ¿a quién declararía culpable la jueza? Las opiniones estaban divididas entre los tres sospechosos. Seguramente la mayoría pensaba que Alí era el culpable, aunque también muchos creían que el culpable era Saumells o Castells.

El día de la verdad, la sala estaba completamente llena, y Neus, Abú y yo tuvimos que escuchar de pie, cerca de la puerta.

La jueza entró con su aspecto de niña buena y estudiosa. Todos nos pusimos en pie y ella leyó muy despacio:

-Este tribunal *absuelve* al acusado, Alí Hamid. El tribunal considera que no hay pruebas suficientes.

El abogado defensor sonrió, pero Alí no dijo nada y siguió ausente. Abú, en cambio, no dejaba de decirnos:

-¿Lo veis? No es culpable, me lo había jurado…

La jueza siguió leyendo: en el caso de asesinato e incendio provocado, absolvía también, por falta de pruebas, a Pere Saumells y a Llorenç Castells. En cambio Llorenç Castells tenía que pagar cinco millones de pesetas a la viuda del Tronío por haber almacenado gasoil en el invernadero.

Mientras hablábamos con Alí, el Nano y Albert en el pasillo, el secretario de la sala nos dijo que la jueza quería hablar con Neus y conmigo.

veredicto, decision del juez
absolver, decir que no es culpable

En el despacho de la jueza estaban también el fiscal, Emili Sánchez y el otro abogado. Hablaban y se reían. Neus y yo no supimos qué hacer en ese momento. La jueza se acercó. Su cara era muy agradable.

5 -¿De modo que sois amigos del hermano pequeño? -nos preguntó.

-Sí, señora, es un gran jugador de fútbol -respondí.

-A mí me gusta mucho el fútbol. Aquí no es habitual, pero soy del *Madrid* -el fiscal y los abogados pro-
10 testaron y se rieron-. Bueno -dijo-, ahora en serio: supongo que Castells, con el dinero del seguro, dejará de trabajar, y Alí también se va a quedar sin trabajo.

Pensé que aquella mujer era muy inteligente.

-Y por tanto Alí, sin trabajo, tendrá que volver a
15 Marruecos, pero yo no puedo hacer nada para evitarlo. Además... creo que al pequeño se le acaba el permiso de residencia.

-Sí, señora..., dentro de quince días.

-Entonces tenéis que encontrarle un trabajo o volve-
20 rá a su país.

Estuvimos hablando de muchas cosas más. Al despedirnos, la jueza comentó:

-Me ha gustado conoceros. No es frecuente encontrar una amistad como la vuestra.

25 Entonces nos miró fijamente a Neus y a mí:

-¿Vosotros creéis en la justicia?

A todos los que estábamos en el despacho nos sorprendió su pregunta. Nos quedamos en silencio. Al fin, Neus contestó:

30 -En este caso..., quiero decir, en este juicio..., sí. ¡Pero a veces en los periódicos se leen cosas...!

Madrid, club de fútbol Real Madrid; existe una fuerte rivalidad entre este club y el Fútbol Club Barcelona

Capítulo decimoquinto
La *masía* del abuelo

Emili Sánchez nos dejó su apartamento en la costa y pudimos pasar allí una semana. Fuimos Alí, Abú, Neus y yo.

Fueron unos días magníficos. Neus se puso morena: un moreno, para mí, mil veces más bonito que el de Sonia. Algunas noches Alí se iba solo al pueblo, y entonces le decíamos:

-Alí, por favor, no busques problemas. ¡Ya hemos tenido suficientes en los últimos tiempos!

Después de la semana en la costa, Alí se quedó en Barcelona. Una semana más tarde Sebi, el guardia civil, nos dijo que Alí tenía que volver a Marruecos porque no tenía trabajo. Fuimos a despedirlo a la estación de tren, entre lágrimas.

Cuando regresamos nosotros a Campells, empezamos a buscarle algún trabajo a Abú. Fuimos a ver otra vez al presidente del Atlétic Campellense para ver si querían contratar a Abú como futbolista. Unos días después supimos la respuesta: siete *directivos* estaban en contra y sólo uno a favor.

Jenaro, el propietario del chiringuito, no quiso más a Abú en su chiringuito.

-Chicos, no quiero problemas con los inspectores de trabajo -nos repitió.

-Ahora, sin Abú, vas a tener los problemas con los inspectores de *sanidad* -dijo el Nano-, porque, antes, sin

---

masía, casa tradicional en el campo catalán
directivos, responsables de una empresa o de un club de fútbol
sanidad, todo lo que se relaciona con la salud: hospitales, trabajo de los médicos, etc.

Abú, en tus platos había siempre una *costra* de la paella del día anterior.

Jenaro nos echó a todos a la calle.

Después fuimos a preguntar en la *parroquia*. Unos
5 días más tarde hubo una reunión de tres horas y, cuando acabaron la reunión, nos dijo el doctor Valls, uno de los médicos de Campells, el cual colaboraba en la parroquia:

-Escuchad: hemos decidido que podría trabajar aquí
10 y ocuparse del material del *centro* parroquial. Le haremos un contrato por tres meses. Ahora bien, tiene que dormir en otro lugar, porque él es…, es… -el pobre hombre no encontraba ninguna palabra adecuada-. Bueno, no es como los otros jóvenes que vienen por el
15 centro y…, no sé qué iba a decir la gente.

Por la noche, Neus se lo contaba a todo el grupo. Albert dijo entonces:

-¡Ya sé la solución! Puede dormir en la masía de mi abuelo. Seguro que a él no le importa. Además, como
20 está muy *sordo*, seguro que no se ha enterado de lo que ha pasado en el pueblo.

Así fue como nuestro amigo empezó a dormir en la masía del abuelo de Albert, donde dos veces a la semana hacía trabajos de limpieza.

25 El tiempo pasaba y parecía que todo el mundo había olvidado ya el caso de los invernaderos. Abú hacía bien

---

costra, restos de comida que, pasado un tiempo, ya están duros
parroquia, conjunto de personas que van regularmente a la misma iglesia; también significa la iglesia y sus oficinas
centro, lugar donde se reúnen los participantes de una asociación, en este caso de la parroquia
sordo, no puede oír u oye muy poco

su trabajo. Neus y yo seguíamos juntos. A Castells, ahora con más tiempo para pasear por Campells porque ya no trabajaba, se le veía siempre con su Mercedes. La viuda del Tronío se compró un abrigo que, sin duda, era de una boutique cara. Y el matrimonio Saumells iba todos los domingos a misa con sus dos niñas. 5

Yo volví a trabajar -no hace falta decirlo- en la tienda de mi padre. Mi padre hablaba todo el día de hacer más grande la ferretería…, claro, sólo si su hijo quería seguir con el negocio. 10

-¿Ves, Neus? -repetía yo-. Éstas son las seguridades que tenemos en un país como éste.

-¿Qué puedo decirte? -añadió los correspondientes tacos y sonrió-. A mí no me parece mal, sobre todo si tengo que vivir contigo en el futuro. Por otra parte, 15 ¿qué otra cosa puedes hacer? ¡La revolución social, tú y *tres gatos más*? ¿O te vas a vivir solo (mejor conmigo) a una montaña?

En realidad, lo que pasaba es que me aburría después de la actividad de los días del juicio. 20

Hacía casi un mes que habíamos entregado los papeles de Abú y todos teníamos la esperanza de haber encontrado la solución para el permiso de residencia. La verdad es que Abú trabajaba bien, era muy amable y la gente que le conocía, al final, pensaba siempre de él 25 que era una buena persona. Pero la ilusión acabó cuando Sebi, el guardia civil, llegó un día a la tienda con un documento oficial:

-Créeme que lo siento -me dijo-. No han aceptado el permiso de residencia de Abú.

---

tres gatos más, muy poca gente

53

Capítulo decimosexto
"No debe de tener papeles"

Salí inmediatamente de la tienda y, mientras me ponía
el abrigo, oí a mi padre con su tema habitual: "El día
que dejaste la escuela…".

Fui a buscar a Neus a la gestoría y ella reaccionó con
5   sus acostumbrados tacos.

-Se veía venir -dije yo-. Dicen que el trabajo en la
parroquia es una trabajo atípico; parece una ayuda y no
un trabajo fijo.

Por la noche se lo contamos a Abú. Él lo escuchó con
10 resignación. No dijo nada y empezó a llorar. Ninguno
de nosotros sabía qué decir y nos quedamos en silencio.

Cuando Abú se fue a dormir, hablamos entre todos
sobre un regalo para Abú. Decidimos comprarle un
"walkman". Se lo regalamos a la noche siguiente, en la
15 Plaza Mayor, que a esas horas estaba llena de gente.
Mucha gente nos miraba con sorpresa, y oí un comentario:

-Parece que el morito, el hermano del que incendió
los invernaderos, tiene que volver a su país. No debe de
20 tener papeles. Me parece bien. ¡Deberían enviar a
todos a su país!

Los papeles, siempre los papeles.

Todos los del equipo de fútbol fuimos a la estación de
tren para despedir a Abú. Neus y Sonia lloraban. Cuan-
25 do llegó el momento, sacamos una *pancarta* en la que
habíamos escrito: "Hasta la vista, Abú". Y, con letras
más pequeñas: "El mejor futbolista de Campells".

Recuerdo que, al subir Abú al tren, nos sonrió, con
la misma expresión tímida del primer día que nos
conocimos.

pancarta

HASTA LA VISTA, ABÚ
El mejor futbolista de Campells

Capítulo decimoséptimo
Y todo sigue igual...

Hoy he tenido carta de Abú. ¡Ya era hora!, porque hace mes y medio que se fue a Oujda.

Dice que Alí ha tenido la suerte de encontrar trabajo en una compañía multinacional de gas. Durante el día, él, Abú, hace algunos trabajitos y ayuda a su padre. Y dice que está muy contento porque por las noches puede ir a la escuela que hay en la *mezquita.*

Los sábados, cuando juega la fútbol, se acuerda de nosotros. Y siempre lleva su "walkman" a todas partes. También dice que este verano nos espera a todos, y acaba con una frase que no puedo entender.

He ido a buscar a Neus a la gestoría y le he leído la carta.

-Mira, a ver si tú entiendes la última frase -le he dicho.

Ella ha cogido la carta y, de pronto, me ha abrazado y los dos hemos caído en el sofá que hay en la entrada de la gestoría. Mientras me besaba, entre grandes risas, me ha dicho:

-¡Tonto, que eres un tonto…! Nos felicita porque supone que tú y yo ya hemos *pasado por la mezquita,* es decir…, ¡por la iglesia!

-¡Vaya, vaya con Abú! Oye, Neus, ¿cuándo te coges las vacaciones el próximo verano? Podríamos ir a Oujda… Es para hablar ya con mi padre, perdón…, con el señor Jacint Coll, el propietario de la ferretería.

mezquita, es como una iglesia en la religión musulmana
pasar por la iglesia, casarse

ACTIVIDADES

Preguntas sobre el contenido

Un incendio y Alí es sospechoso (capítulos 1-6)

1. En el capítulo 1 los clientes de la tienda hablan sobre el incendio. Según ellos, ¿qué grupos de personas pueden haber sido autores del incendio? ¿Qué piensan de esos grupos?
2. En la ferretería, ¿cómo es la relación de Esteve con su padre?
3. ¿Cómo se conocieron Abú Hamid y Esteve?
4. Neus le cuenta a Esteve que ha visto a los hermanos Hamid en la estación de Ciutat. ¿Por qué se marchó Alí Hamid de Campells?
5. Esteve visita el piso donde vive Abú Hamid. ¿Qué piensan los marroquíes que allí viven sobre el futuro de Alí, el hermano mayor?
6. ¿Por qué Abú Hamid está seguro de que su hermano no ha provocado el incendio?
7. ¿Por qué los marroquíes no quieren que Abú siga en el piso?

Aparecen nuevos sospechosos (capítulos 7-11)

8. Abú pierde su trabajo. Entonces Esteve y Neus lo llevan al chiringuito de Jenaro. ¿Qué trabajo encuentran para Abú? ¿En qué condiciones trabaja Abú (contrato, dinero, etc.)?
9. En el chiringuito Esteve encuentra a Sonia. ¿De qué se conocían los dos y que había pasado entre ellos un año antes?
10. Neus se entera de algo importante en la gestoría donde trabaja. ¿Qué es?

11. El día antes de las vacaciones, Esteve va a casa de la señora Miró. ¿Qué le cuenta la señora Miró?
12. Neus y Esteve visitan a un investigador privado. ¿Por qué les decepciona su aspecto?
13. Después visitan al abogado de oficio: el señor Manuel Puig. ¿Por qué este abogado no quiere ocuparse de la defensa de Alí Hamid?
14. Esteve habla en el chiringuito de Jenaro sobre sus investigaciones. ¿Qué consecuencias tiene esto para él y para su moto?

El juicio y la despedida (capítulos 12-17)

15. El juicio comienza. ¿Por qué el señor Castells a lo mejor tiene que pagar dinero a la viuda del Tronío?
16. En la segunda sesión tienen que declarar el Sr. Castells y su sobrino ¿Por qué Esteve piensa que la jueza está muy bien informada?
17. ¿Cuál es el veredicto de la jueza?
18. Abú pierde de nuevo su trabajo. ¿Dónde encuentra un nuevo trabajo y un nuevo lugar de residencia?
19. ¿Por qué Abú no consigue un nuevo permiso de residencia, aunque tiene un trabajo?
20. Mes y medio después de irse Abú, Esteve recibe una carta suya. ¿Qué escribe Abú en la última frase? ¿Por qué Esteve no entiende esa frase?

Contenido general del libro

21. ¿Crees que Esteve es un buen amigo de Abú, o también Esteve está influido por el ambiente racista del pueblo? Razona tu respuesta.
22. Aunque Sonia es más guapa que Neus, Esteve prefiere a Neus. ¿Qué cualidades ve Esteve en Neus?
23. Nombra tres situaciones en las que alguien trata a

Abú Hamid de modo racista.

24. ¿Qué piensas de este libro: tiene un final feliz o es una historia pesimista? ¿Por qué?

Una conversación entre Esteve y su padre

Al final del capítulo 5, el padre de Esteve dice a su hijo:

- *La verdad es que a veces pareces un poco tonto, Esteve. ¿Por qué has tenido que hacer todo esto por un simple moro?*

Imagina la conversación a continuación entre los dos. Los argumentos siguientes pueden ayudarte por ejemplo a comenzar esta conversación.

Argumentos de Esteve	Argumentos del padre
- nadie ayuda nunca a Abú	- ayudar a un moro crea problemas
- su religión le prohíbe comer carne de cerdo	- los campellenses son más importantes
- el camarero sólo quería provocar	- hay que pensar en los clientes y en la tienda
- …	- …

Dos mundos diferentes

Explica qué diferencias hay normalmente entre un inmigrante marroquí y un joven catalán:

religión (¿para quién es importante?)

permiso de residencia (¿quién lo necesita?)

seguridad (¿quién tiene seguridad en la vida?)

sospechoso (¿quién es sospechoso cuando pasa algo?)

trabajo (¿qué trabajos realizan?)

educación (¿qué educación han tenido?)
familia (¿muchos hijos/hermanos?)
Imagínate que tienes que emigrar a Marruecos. ¿Qué dificultades crees que puedes encontrar?

Vocabulario: el juicio
Escribe la palabra correcta en el lugar correspondiente

abogado defensor, absolvió, acusado, declarar, fiscal, implicados, jueza, pena, pruebas, veredicto

Entré en la sala del juicio. Allí estaba la ...., una señora con gafas. Alí, el .... principal, estaba sentado en una silla. Además estaban los otros dos .... : el señor Castells y Pere Saumells.

Primero habló el ...., quien pidió una .... de cinco años de cárcel para Alí. Después habló Emili Sánchez, el .... de Alí. Habló muy bien y dijo que Alí no era culpable. Dos días más tarde tuvimos que .... yo y otras personas.

El .... fue unos días después: la jueza .... a Alí porque no había .... contra él. Castells, en cambio, tuvo que pagar cinco millones de pesetas.

La inmigración en España
En este libro has aprendido mucho sobre la situación de los inmigrantes en España a finales del siglo pasado.

¿Cómo es la situación actual de la inmigración en España? ¿Ha mejorado? ¿Está creando nuevos problemas? ¿Hay mafias que controlan el tráfico de inmigrantes? Infórmate y escribe un texto.

Como ayuda te puede servir la siguiente dirección de Internet:
www.nodo50.org/derechosparatodos
Desde aquí, elige la opción "Migración" y puedes consultar noticias actuales sobre este tema.

Ver más actividades en
www.easyreaders.eu

EASY READERS *Dinamarca*
ERNST KLETT SPRACHEN *Alemania*
EMC CORP. *EE.UU.*
EUROPEAN SCHOOLBOOKS PUBLISHING LTD.
Inglaterra

Véase lista completa de títulos en el interior de la
contracubierta.
Esta edición ha sido resumida para hacerla de
fácil lectura a los estudiantes de español.
Los textos, aunque simplificados, conservan el estilo y
el espíritu del original.
En cuanto al vocabulario, las palabras que no tienen una
alta frecuencia en el lenguaje o que son difíciles de
comprender dentro del contexto en el que se encuentran,
se explican por medio de dibujos o por definiciones
en forma de notas a pie de página, escritas en
español sencillo.
EASY READERS puede emplearse siempre en centros
docentes, en el autoestudio o por el simple placer de leer.
EASY READERS existen también en alemán, inglés
francés, italiano y ruso.

Encuentra todos los títulos en easyreaders.eu.